NOS FEMMES

Album

EN COULEURS

PAR

Bac

PRÉFACE

DE

MAURICE DONNAY

Quatrième Mille

H. SIMONIS EMPIS, ÉDITEUR

Nos Femmes

IL A ÉTÉ TIRÉ DE CET ALBUM :

3o exemplaires sur papier du Japon, numérotés à la presse de 1 à 3o
et signés par l'auteur ;

3oo exemplaires d'un fac-similé d'aquarelle (*La Soupeuse*),
numérotés ;

15 exemplaires à grande marge de ce même fac-similé d'aquarelle.

Chacun des exemplaires de luxe contient un de ces trente premiers fac-similés d'aquarelle.

NOS FEMMES

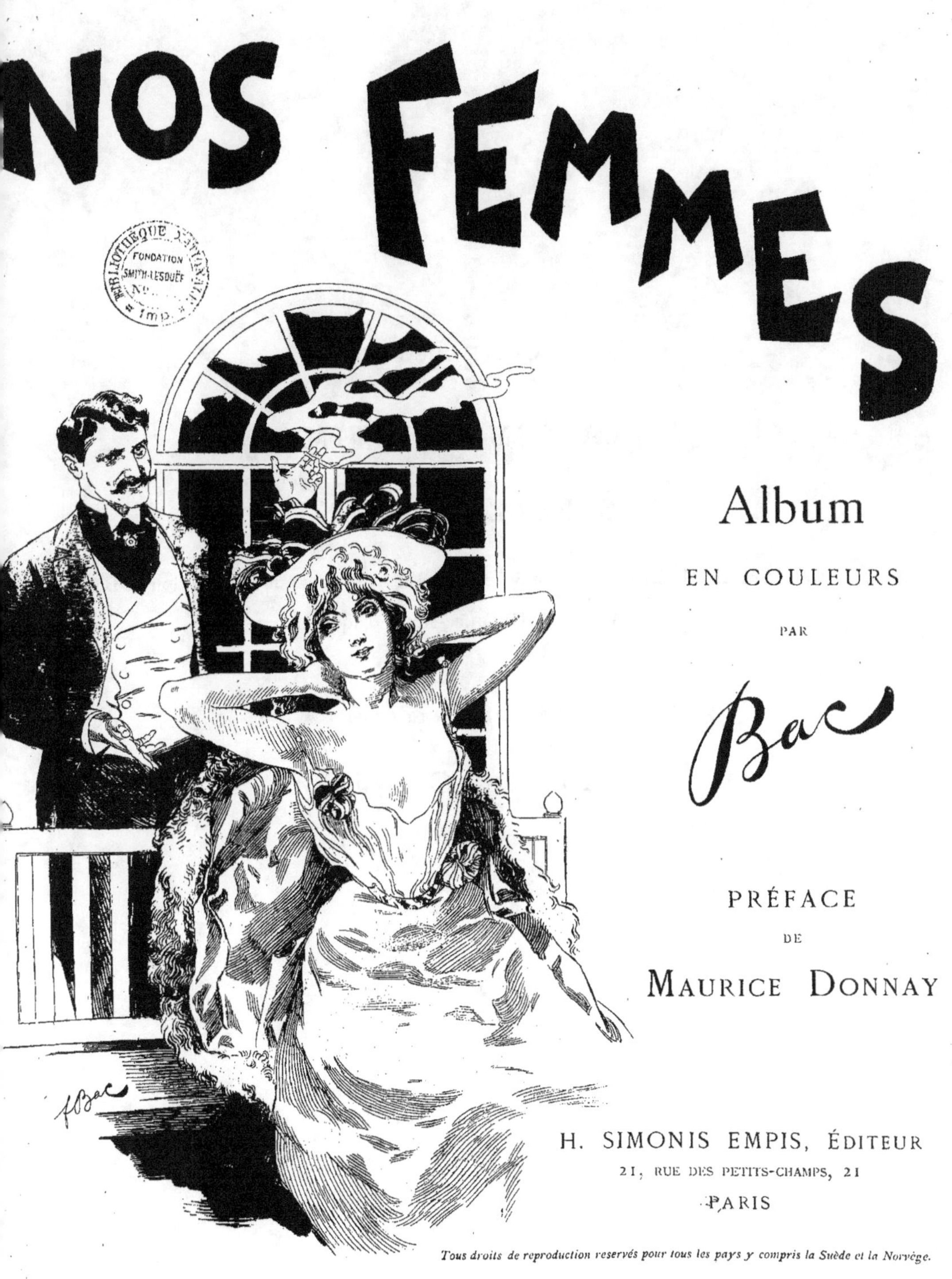

Album

EN COULEURS

PAR

Bac

PRÉFACE

DE

MAURICE DONNAY

H. SIMONIS EMPIS, ÉDITEUR

21, RUE DES PETITS-CHAMPS, 21

PARIS

PRÉFACE

Vous me priez, mon cher Bac, de présenter au public votre nouvel album, et surtout que cette présentation *n'ait pas l'air d'une préface!* Comment faire? Alors j'ai imaginé de vous écrire cette lettre qui sera imprimée entre la couverture et la première page; mais c'est un subterfuge dont nul ne sera dupe, même au fond des candides provinces où votre album pénétrera pour donner à des bourgeoises lointaines et à des châtelaines recluses l'image de la moderne Parisienne ou plutôt de la femme *chic* à Paris.

Car il faut distinguer entre la femme chic et celle qui a du chic, et l'on entend généralement par Parisienne cette dernière, c'est-à-dire une petite femme très élégante, très fine, très troublante, un peu bibelot :

> Quarante-six à la ceinture,
> Moins de cent livres comme poids,
> Et pour sa main aux frêles doigts
> Juste cinq trois quarts de pointure,

et cela éveille l'idée de poupée, de mousmé, de trottin, de chiffons, de fanfreluches, de cartons à chapeaux, de dessous compliqués, et aussi de gigolos et de vieux messieurs, car une telle femme est la maîtresse désignée de ceux qui commencent ou de ceux qui finissent.

Vous n'avez pas fait cette Parisienne-là, mais vous avez représenté celle qu'on a appelée la Genreuse; le mot n'a pas pris et pourtant il l'eût mérité, disant bien ce qu'il voulait dire. Vous avez étudié et surpris dans ses attitudes la femme chic, la femme qui fait galette, qui a de la branche, la femme racée, allurale, qui déplace de l'air, la femme avec des grandes lignes et pour grandes lignes, car c'est bien celle que l'on voit partir l'hiver pour des Monte-Carlo ou des Alexandrie, l'été pour l'Écosse ou les fjords de Norwège. En l'année 1895, mondaine, comédienne ou courtisane, cette femme-là a un hôtel dans le quartier Marbeuf ou la plaine Monceau, un coupé très bas avec des portes étroites et des petites fenêtres, attelé de deux petits chevaux qu'elle appelle ses petits rats; cet automne on la rencontrait aux Courses ornée d'un collet en queues de zibelines d'au moins trois cents louis, et quand elle voyage on voit passer sur les quais frémissants des malles énormes, fantastiques, houssées, chiffrées et qui justifient pour celui, amant ou mari, qui accompagne la personne, le mot pour lequel les Latins désignaient les bagages : *impedimenta*, empêchements.

Ce n'est donc pas la Parisienne au sens parisien, européen et universel du mot, que vous avez représentée, mais c'est une classe de Parisiennes, classe qui renferme les belles Madame X, comme il se trouve parmi les chevaux de course une classe contenant les bêtes qui gagnent les grandes épreuves.

Je ne vous crois pas assez snob pour prétendre qu'une telle femme n'existe que dans les conditions de luxe et de rentes que j'ai indiquées. Elle est parfois essayeuse chez Doucet, modèle boulevard de Clichy, caissière chez Duval ou femme de chambre dans une maison bourgeoise; mais elle n'y reste pas, à moins qu'elle ne soit naturellement vertueuse. J'écarte l'hypothèse de quoi que ce soit qui ressemble de sa part à une lutte pour ce qu'elle croirait être le devoir, auquel cas elle serait impardonnable, car la beauté est la suprême qualité, et lorsqu'une femme possède celle-là, elle peut rudement se passer des autres.

Cette conception païenne, qui est la vôtre, vous a fait du moins dédaigner et peut-être mépriser les polissonneries purement ou plutôt impurement modernes, telles que l'hypocrisie des dessous et la banale perversité des bas noirs. Vous ne leur passez pas « le crayon sous les jupes » à vos femmes et il faut vous savoir gré de ne pas vous être fait, comme trop d'autres, l'interprète des pantalons, des mollets et des jarretières; mais vous vous plaisez à évoquer des nuques, des bras, des épaules, des naissances de dos et de gorges, c'est-à-dire ce qui chez la femme est charnel chastement, poétiquement, et bien qu'on leur devine, sous les draperies des robes ou des peignoirs, des jambes de chasseresse et des croupes maternelles, vous n'avez pas fait de vos femmes des Retroussées, mais des Dégrafées.

Par un même sentiment, vous n'avez pas cherché le cynisme ou la rosserie dans vos légendes. Vos personnages disent des choses simples, comme dans la vie. Ils pourraient dire n'importe quoi, ils pourraient ne rien dire du tout. Leurs attitudes doivent parler pour eux, et qu'importe quelques vagues paroles, pourvu que le geste soit élégant!

Je termine cette lettre qui a horriblement l'air d'une préface, en souhaitant à votre nouvel album le succès de ses aînés et en vous assurant, mon cher Bac, de ma très vive sympathie.

MAURICE DONNAY.

— Verra-t-on tout de même que j'ai la taille mince?

CONTRARIÉTÉ

— Est-ce qu'on voit à travers les planches?
— Je ne crois pas, madame.
— C'est ennuyeux... Il faudra les faire arranger!

DIVORCÉE

— Dis, m'man... ce beau monsieur là-bas, est-ce qu'il n'est plus mon papa?

— A propos, ma fille, vous ne connaissez pas encore les habitudes, ici...
Pendant mon bain, je n'y suis pour personne.

— Ah?... Bien madame.

LES IMPRUDENCES

— Comment s'en est-il aperçu?

— Voilà : il est chauve, et elle lui passait la main dans les cheveux...

« Le Comte et la Comtesse de *** ont inauguré hier leurs réceptions d'automne dans leur château de Seine-et-Oise. La fine fleur du Tout-Paris s'y était donnée rendez-vous... »

UN TOUR DE VALSE

Départ. — Si ce n'était pas la femme d'un camarade...
        — Si ce n'était pas le mari d'une amie...
Arrivée. — Après tout, qu'est-ce que ça fait?

— Il va venir un monsieur... c'est mon mari : vous le ferez entrer...
— Que madame se rassure... on est discret comme une tombe !

— Il m'attend pour 4 heures... Il est 4 heures 1/2 ; j'ai une bonne heure devant moi...

— Qu'est-ce que tu leur avais dit, la dernière fois?
— Que maman arrivait...
— Eh bien! écris-leur qu'elle part.

— Regarde donc, d'Albert qui s'affiche avec « Rayon de Lune ».

— C'est dégoûtant !

— Oui, mais... là-bas, sa femme qui attèle à quatre...

— Eh bien... et après...!!

— ... Maintenant il peut venir...

Un Monsieur. — Ce qu'elle en pince !

Un autre. — Ce que j'en pince !

Un troisième, (à un ami). — Si on m'y repince !

L'Ami, (montrant la maîtresse de maison qui a entendu). — Pincé !

— Mademoiselle est fâchée avec M. Gaston?

— Oui : ce matin il n'a pas pris sa lorgnette pour me voir baigner.

— Alors, vous ne m'épouserez jamais!
— Plaignez-vous! Je vous « accorde ma main » chaque fois que je viens ici!...

— Alors, c'est çà, une nuit de noces...!

— Vous n'étiez pas chouette en première communiante!
— C'est vrai, mais aussi... je ne vous connaissais pas...

— Celle 'en mauve voyage pour affaires.
— Et l'autre?
— Pour son plaisir.
— Ça se voit!

— Enfin, vous lui reprochez de vous avoir... négligée.
— Oh! non, monsieur, c'est la seule chose qui m'aurait attachée à lui.

— Il m'a encore plaquée pour Irma !
— Parbleu ! tu ne sais pas te laisser tomber, toi...

IMPRIMÉ

PAR

CHAMEROT ET RENOUARD

19, rue des Saints-Pères, 19

PARIS

Clichés de la maison Bordier. — Coloris de la maison Greningaire.